Celebrating The Wedding Of:

_____

_____

_____

_____

_____

Guest Name _____

Contact Info _____

Inspiration For The Newlyweds _____

Guest Name _____

Contact Info _____

Inspiration For The Newlyweds _____

Guest Name _____

Contact Info _____

Inspiration For The Newlyweds _____

Guest Name _____

_____

_____

_____

Contact Info _____

_____

_____

Inspiration For The Newlyweds _____

_____

_____

_____

_____

_____

_____

Guest Name _____

_____

_____

_____

Contact Info _____

_____

_____

Inspiration For The Newlyweds _____

_____

_____

_____

_____

_____

_____

Guest Name _____

_____

_____

_____

Contact Info _____

_____

_____

Inspiration For The Newlyweds _____

_____

_____

_____

_____

_____

Guest Name _____

Contact Info _____

Inspiration For The Newlyweds _____

Guest Name _____

Contact Info _____

Inspiration For The Newlyweds _____

Guest Name _____

Contact Info _____

Inspiration For The Newlyweds _____

Guest Name _____

Contact Info _____

Inspiration For The Newlyweds _____

Guest Name _____

Contact Info _____

Inspiration For The Newlyweds _____

Guest Name _____

Contact Info _____

Inspiration For The Newlyweds _____

Guest Name _____   Inspiration For The Newlyweds _____

_____   _____

_____   _____

_____   _____

Contact Info _____   _____

_____   _____

_____   _____

Guest Name _____   Inspiration For The Newlyweds _____

_____   _____

_____   _____

_____   _____

Contact Info _____   _____

_____   _____

_____   _____

Guest Name _____   Inspiration For The Newlyweds _____

_____   _____

_____   _____

_____   _____

Contact Info _____   _____

_____   _____

_____   _____

Guest Name _____

_____

_____

_____

Contact Info _____

_____

_____

Inspiration For The Newlyweds _____

_____

_____

_____

_____

_____

_____

Guest Name _____

_____

_____

_____

Contact Info _____

_____

_____

Inspiration For The Newlyweds _____

_____

_____

_____

_____

_____

_____

Guest Name _____

_____

_____

Contact Info _____

_____

_____

Inspiration For The Newlyweds _____

_____

_____

_____

_____

_____

Guest Name _____

Contact Info _____

Inspiration For The Newlyweds _____

Guest Name _____

Contact Info _____

Inspiration For The Newlyweds _____

Guest Name _____

Contact Info _____

Inspiration For The Newlyweds _____

Guest Name _____

_____

_____

_____

Contact Info _____

_____

_____

Inspiration For The Newlyweds _____

_____

_____

_____

_____

_____

_____

Guest Name _____

_____

_____

_____

Contact Info _____

_____

_____

Inspiration For The Newlyweds _____

_____

_____

_____

_____

_____

_____

Guest Name _____

_____

_____

_____

Contact Info _____

_____

_____

Inspiration For The Newlyweds _____

_____

_____

_____

_____

_____

_____

Guest Name _____

Contact Info _____

Inspiration For The Newlyweds _____

Guest Name _____

Contact Info _____

Inspiration For The Newlyweds _____

Guest Name _____

Contact Info _____

Inspiration For The Newlyweds _____

Guest Name _____

_____

_____

_____

Contact Info _____

_____

_____

Inspiration For The Newlyweds_____

_____

_____

_____

_____

_____

_____

Guest Name _____

_____

_____

_____

Contact Info _____

_____

_____

Inspiration For The Newlyweds_____

_____

_____

_____

_____

_____

_____

Guest Name _____

_____

_____

_____

Contact Info _____

_____

_____

Inspiration For The Newlyweds_____

_____

_____

_____

_____

_____

_____

Guest Name _____

Contact Info _____

Inspiration For The Newlyweds _____

Guest Name _____

Contact Info _____

Inspiration For The Newlyweds _____

Guest Name _____

Contact Info _____

Inspiration For The Newlyweds _____

Guest Name _____

_____

_____

Contact Info _____

_____

_____

Guest Name _____

_____

_____

Contact Info _____

_____

_____

Guest Name _____

_____

_____

Contact Info _____

_____

_____

Inspiration For The Newlyweds _____

_____

_____

_____

_____

_____

Inspiration For The Newlyweds _____

_____

_____

_____

_____

_____

Inspiration For The Newlyweds _____

_____

_____

_____

_____

_____

Guest Name _____

_____

_____

Contact Info _____

_____

_____

Inspiration For The Newlyweds _____

_____

_____

_____

_____

_____

Guest Name _____

_____

_____

Contact Info _____

_____

_____

Inspiration For The Newlyweds _____

_____

_____

_____

_____

_____

Guest Name _____

_____

_____

Contact Info _____

_____

_____

Inspiration For The Newlyweds _____

_____

_____

_____

_____

_____

Guest Name _____

_____

_____

Contact Info _____

_____

_____

Inspiration For The Newlyweds _____

_____

_____

_____

_____

_____

Guest Name _____

_____

_____

Contact Info _____

_____

_____

Inspiration For The Newlyweds _____

_____

_____

_____

_____

_____

Guest Name _____

_____

_____

Contact Info _____

_____

_____

Inspiration For The Newlyweds _____

_____

_____

_____

_____

_____

Guest Name _____

_____

_____

Contact Info _____

_____

_____

Guest Name _____

_____

_____

Contact Info _____

_____

_____

Guest Name _____

_____

_____

Contact Info _____

_____

_____

Inspiration For The Newlyweds _____

_____

_____

_____

_____

_____

Inspiration For The Newlyweds _____

_____

_____

_____

_____

_____

Inspiration For The Newlyweds _____

_____

_____

_____

_____

Guest Name _____

Contact Info _____

Inspiration For The Newlyweds _____

Guest Name _____

Contact Info _____

Inspiration For The Newlyweds _____

Guest Name _____

Contact Info _____

Inspiration For The Newlyweds _____

Guest Name _____

_____

_____

Contact Info _____

_____

_____

Inspiration For The Newlyweds _____

_____

_____

_____

_____

_____

Guest Name _____

_____

_____

Contact Info _____

_____

_____

Inspiration For The Newlyweds _____

_____

_____

_____

_____

_____

Guest Name _____

_____

_____

Contact Info _____

_____

_____

Inspiration For The Newlyweds _____

_____

_____

_____

_____

_____

Guest Name _____

_____

_____

Contact Info _____

_____

_____

Inspiration For The Newlyweds _____

_____

_____

_____

_____

_____

_____

Guest Name _____

_____

_____

Contact Info _____

_____

_____

Inspiration For The Newlyweds _____

_____

_____

_____

_____

_____

_____

Guest Name _____

_____

_____

Contact Info _____

_____

_____

Inspiration For The Newlyweds _____

_____

_____

_____

_____

_____

_____

Guest Name _____

Contact Info _____

Inspiration For The Newlyweds _____

Guest Name _____

Contact Info _____

Inspiration For The Newlyweds _____

Guest Name _____

Contact Info _____

Inspiration For The Newlyweds _____

Guest Name _____

Contact Info _____

Inspiration For The Newlyweds _____

Guest Name _____

Contact Info _____

Inspiration For The Newlyweds _____

Guest Name _____

Contact Info _____

Inspiration For The Newlyweds _____

Guest Name _____

_____

_____

Contact Info _____

_____

_____

Inspiration For The Newlyweds _____

_____

_____

_____

_____

_____

Guest Name _____

_____

_____

Contact Info _____

_____

_____

Inspiration For The Newlyweds _____

_____

_____

_____

_____

_____

Guest Name _____

_____

_____

Contact Info _____

_____

_____

Inspiration For The Newlyweds _____

_____

_____

_____

_____

_____

Guest Name _____

_____

_____

_____

Contact Info _____

_____

_____

Inspiration For The Newlyweds_____

_____

_____

_____

_____

_____

_____

Guest Name _____

_____

_____

_____

Contact Info _____

_____

_____

Inspiration For The Newlyweds_____

_____

_____

_____

_____

_____

_____

Guest Name _____

_____

_____

_____

Contact Info _____

_____

_____

Inspiration For The Newlyweds_____

_____

_____

_____

_____

_____

Guest Name _____

Contact Info _____

Inspiration For The Newlyweds_____

Guest Name _____

Contact Info _____

Inspiration For The Newlyweds_____

Guest Name _____

Contact Info _____

Inspiration For The Newlyweds_____

Guest Name _____

_____

_____

Contact Info _____

_____

_____

Guest Name _____

_____

_____

Contact Info _____

_____

_____

Guest Name _____

_____

_____

Contact Info _____

_____

_____

Inspiration For The Newlyweds _____

_____

_____

_____

_____

_____

Inspiration For The Newlyweds _____

_____

_____

_____

_____

_____

Inspiration For The Newlyweds _____

_____

_____

_____

_____

_____

Guest Name _____

Contact Info _____

Inspiration For The Newlyweds _____

Guest Name _____

Contact Info _____

Inspiration For The Newlyweds _____

Guest Name _____

Contact Info _____

Inspiration For The Newlyweds _____

Guest Name _____

_____

_____

Contact Info _____

_____

_____

Guest Name _____

_____

_____

Contact Info _____

_____

_____

Guest Name _____

_____

_____

Contact Info _____

_____

_____

Inspiration For The Newlyweds _____

_____

_____

_____

_____

_____

Inspiration For The Newlyweds _____

_____

_____

_____

_____

_____

Inspiration For The Newlyweds _____

_____

_____

_____

_____

_____

Guest Name _____

Contact Info _____

Inspiration For The Newlyweds _____

Guest Name _____

Contact Info _____

Inspiration For The Newlyweds _____

Guest Name _____

Contact Info _____

Inspiration For The Newlyweds _____

Guest Name _____

_____

_____

_____

Contact Info _____

_____

_____

Inspiration For The Newlyweds _____

_____

_____

_____

_____

_____

_____

Guest Name _____

_____

_____

_____

Contact Info _____

_____

_____

Inspiration For The Newlyweds _____

_____

_____

_____

_____

_____

_____

Guest Name _____

_____

_____

_____

Contact Info _____

_____

_____

Inspiration For The Newlyweds _____

_____

_____

_____

_____

_____

Guest Name _____

_____

_____

Contact Info _____

_____

_____

Guest Name _____

_____

_____

Contact Info _____

_____

_____

Guest Name _____

_____

_____

Contact Info _____

_____

_____

Inspiration For The Newlyweds _____

_____

_____

_____

_____

_____

Inspiration For The Newlyweds _____

_____

_____

_____

_____

_____

Inspiration For The Newlyweds _____

_____

_____

_____

_____

Guest Name _____

Contact Info _____

Inspiration For The Newlyweds _____

Guest Name _____

Contact Info _____

Inspiration For The Newlyweds _____

Guest Name _____

Contact Info _____

Inspiration For The Newlyweds _____

Guest Name _____

Contact Info _____

Inspiration For The Newlyweds _____

Guest Name _____

Contact Info _____

Inspiration For The Newlyweds _____

Guest Name _____

Contact Info _____

Inspiration For The Newlyweds _____

Guest Name _____

Contact Info _____

Guest Name _____

Contact Info _____

Guest Name _____

Contact Info _____

Inspiration For The Newlyweds_____

Inspiration For The Newlyweds_____

Inspiration For The Newlyweds_____

Guest Name _____

_____

_____

Contact Info _____

_____

_____

Guest Name _____

_____

_____

Contact Info _____

_____

_____

Guest Name _____

_____

_____

Contact Info _____

_____

_____

Inspiration For The Newlyweds _____

_____

_____

_____

_____

_____

Inspiration For The Newlyweds _____

_____

_____

_____

_____

_____

Inspiration For The Newlyweds _____

_____

_____

_____

_____

Guest Name _____

_____

_____

Contact Info _____

_____

_____

Inspiration For The Newlyweds _____

_____

_____

_____

_____

_____

Guest Name _____

_____

_____

Contact Info _____

_____

_____

Inspiration For The Newlyweds _____

_____

_____

_____

_____

_____

Guest Name _____

_____

_____

Contact Info _____

_____

_____

Inspiration For The Newlyweds _____

_____

_____

_____

_____

_____

Guest Name _____

_____

_____

Contact Info _____

_____

_____

Inspiration For The Newlyweds _____

_____

_____

_____

_____

_____

Guest Name _____

_____

_____

Contact Info _____

_____

_____

Inspiration For The Newlyweds _____

_____

_____

_____

_____

_____

Guest Name _____

_____

_____

Contact Info _____

_____

_____

Inspiration For The Newlyweds _____

_____

_____

_____

_____

_____

Guest Name _____

Contact Info _____

Inspiration For The Newlyweds _____

Guest Name _____

Contact Info _____

Inspiration For The Newlyweds _____

Guest Name _____

Contact Info _____

Inspiration For The Newlyweds _____

Guest Name _____

_____

_____

Contact Info _____

_____

_____

Inspiration For The Newlyweds _____

_____

_____

_____

_____

_____

Guest Name _____

_____

_____

Contact Info _____

_____

_____

Inspiration For The Newlyweds _____

_____

_____

_____

_____

_____

Guest Name _____

_____

_____

Contact Info _____

_____

_____

Inspiration For The Newlyweds _____

_____

_____

_____

_____

_____

Guest Name _____

Contact Info _____

Inspiration For The Newlyweds _____

Guest Name _____

Contact Info _____

Inspiration For The Newlyweds _____

Guest Name _____

Contact Info _____

Inspiration For The Newlyweds _____

Guest Name _____

Contact Info _____

Inspiration For The Newlyweds _____

Guest Name _____

Contact Info _____

Inspiration For The Newlyweds _____

Guest Name _____

Contact Info _____

Inspiration For The Newlyweds _____

Guest Name _____

_____

_____

Contact Info _____

_____

_____

Inspiration For The Newlyweds _____

_____

_____

_____

_____

_____

_____

Guest Name _____

_____

_____

Contact Info _____

_____

_____

Inspiration For The Newlyweds _____

_____

_____

_____

_____

_____

_____

Guest Name _____

_____

_____

Contact Info _____

_____

_____

Inspiration For The Newlyweds _____

_____

_____

_____

_____

_____

Guest Name _____

_____

_____

Contact Info _____

_____

_____

Inspiration For The Newlyweds _____

_____

_____

_____

_____

_____

Guest Name _____

_____

_____

Contact Info _____

_____

_____

Inspiration For The Newlyweds _____

_____

_____

_____

_____

_____

Guest Name _____

_____

_____

Contact Info _____

_____

_____

Inspiration For The Newlyweds _____

_____

_____

_____

_____

_____

Guest Name _____

_____

_____

Contact Info _____

_____

_____

Inspiration For The Newlyweds _____

_____

_____

_____

_____

_____

Guest Name _____

_____

_____

Contact Info _____

_____

_____

Inspiration For The Newlyweds _____

_____

_____

_____

_____

_____

Guest Name _____

_____

_____

Contact Info _____

_____

_____

Inspiration For The Newlyweds _____

_____

_____

_____

_____

_____

Guest Name _____

_____

_____

Contact Info _____

_____

_____

Inspiration For The Newlyweds _____

_____

_____

_____

_____

_____

Guest Name _____

_____

_____

Contact Info _____

_____

_____

Inspiration For The Newlyweds _____

_____

_____

_____

_____

_____

Guest Name _____

_____

_____

Contact Info _____

_____

_____

Inspiration For The Newlyweds _____

_____

_____

_____

_____

_____

Guest Name _____

_____

_____

Contact Info _____

_____

_____

Guest Name _____

_____

_____

Contact Info _____

_____

_____

Guest Name _____

_____

_____

Contact Info _____

_____

_____

Inspiration For The Newlyweds _____

_____

_____

_____

_____

_____

Inspiration For The Newlyweds _____

_____

_____

_____

_____

_____

Inspiration For The Newlyweds _____

_____

_____

_____

_____

Guest Name _____

_____

_____

Contact Info _____

_____

_____

Inspiration For The Newlyweds _____

_____

_____

_____

_____

_____

Guest Name _____

_____

_____

Contact Info _____

_____

_____

Inspiration For The Newlyweds _____

_____

_____

_____

_____

_____

Guest Name _____

_____

_____

Contact Info _____

_____

_____

Inspiration For The Newlyweds _____

_____

_____

_____

_____

_____

Guest Name _____

_____

_____

Contact Info _____

_____

_____

Inspiration For The Newlyweds_____

_____

_____

_____

_____

_____

Guest Name _____

_____

_____

Contact Info _____

_____

_____

Inspiration For The Newlyweds_____

_____

_____

_____

_____

_____

Guest Name _____

_____

_____

Contact Info _____

_____

_____

Inspiration For The Newlyweds_____

_____

_____

_____

_____

_____

Guest Name _____

_____

_____

Contact Info _____

_____

_____

Inspiration For The Newlyweds _____

_____

_____

_____

_____

_____

Guest Name _____

_____

_____

Contact Info _____

_____

_____

Inspiration For The Newlyweds _____

_____

_____

_____

_____

_____

Guest Name _____

_____

_____

Contact Info _____

_____

_____

Inspiration For The Newlyweds _____

_____

_____

_____

_____

Guest Name _____

_____

_____

Contact Info _____

_____

_____

Guest Name _____

_____

_____

Contact Info _____

_____

_____

Guest Name _____

_____

Contact Info _____

_____

_____

Inspiration For The Newlyweds _____

_____

_____

_____

_____

_____

_____

Inspiration For The Newlyweds _____

_____

_____

_____

_____

_____

_____

Inspiration For The Newlyweds _____

_____

_____

_____

_____

_____

_____

Guest Name _____

_____

_____

Contact Info _____

_____

_____

Inspiration For The Newlyweds _____

_____

_____

_____

_____

_____

_____

Guest Name _____

_____

_____

Contact Info _____

_____

_____

Inspiration For The Newlyweds _____

_____

_____

_____

_____

_____

_____

Guest Name _____

_____

_____

Contact Info _____

_____

_____

Inspiration For The Newlyweds _____

_____

_____

_____

_____

_____

Guest Name _____

_____

_____

Contact Info _____

_____

_____

Inspiration For The Newlyweds _____

_____

_____

_____

_____

_____

_____

Guest Name _____

_____

_____

Contact Info _____

_____

_____

Inspiration For The Newlyweds _____

_____

_____

_____

_____

_____

_____

Guest Name _____

_____

_____

Contact Info _____

_____

_____

Inspiration For The Newlyweds _____

_____

_____

_____

_____

_____

_____

Guest Name _____

Contact Info _____

Inspiration For The Newlyweds _____

Guest Name _____

Contact Info _____

Inspiration For The Newlyweds _____

Guest Name _____

Contact Info _____

Inspiration For The Newlyweds _____

Guest Name _____

_____

_____

_____

Contact Info _____

_____

_____

Guest Name _____

_____

_____

_____

Contact Info _____

_____

_____

Guest Name _____

_____

_____

_____

Contact Info _____

_____

_____

Inspiration For The Newlyweds_____

_____

_____

_____

_____

_____

_____

Inspiration For The Newlyweds_____

_____

_____

_____

_____

_____

_____

Inspiration For The Newlyweds_____

_____

_____

_____

_____

_____

_____

Guest Name _____

_____

_____

Contact Info _____

_____

_____

Inspiration For The Newlyweds _____

_____

_____

_____

_____

_____

_____

Guest Name _____

_____

_____

Contact Info _____

_____

_____

Inspiration For The Newlyweds _____

_____

_____

_____

_____

_____

_____

Guest Name _____

_____

_____

Contact Info _____

_____

_____

Inspiration For The Newlyweds _____

_____

_____

_____

_____

_____

_____

Guest Name _____

_____

_____

Contact Info _____

_____

_____

Guest Name _____

_____

_____

Contact Info _____

_____

_____

Guest Name _____

_____

_____

Contact Info _____

_____

_____

Inspiration For The Newlyweds _____

_____

_____

_____

_____

_____

Inspiration For The Newlyweds _____

_____

_____

_____

_____

_____

Inspiration For The Newlyweds _____

_____

_____

_____

_____

_____

Guest Name _____

Contact Info _____

Inspiration For The Newlyweds _____

Guest Name _____

Contact Info _____

Inspiration For The Newlyweds _____

Guest Name _____

Contact Info _____

Inspiration For The Newlyweds _____

Guest Name _____

Contact Info _____

Inspiration For The Newlyweds_____

Guest Name _____

Contact Info _____

Inspiration For The Newlyweds_____

Guest Name _____

Contact Info _____

Inspiration For The Newlyweds_____

Guest Name _____

Contact Info _____

Inspiration For The Newlyweds _____

Guest Name _____

Contact Info _____

Inspiration For The Newlyweds _____

Guest Name _____

Contact Info _____

Inspiration For The Newlyweds _____

Guest Name _____

Contact Info _____

Inspiration For The Newlyweds_____

Guest Name _____

Contact Info _____

Inspiration For The Newlyweds_____

Guest Name _____

Contact Info _____

Inspiration For The Newlyweds_____

Guest Name _____

_____

_____

Contact Info _____

_____

_____

Guest Name _____

_____

_____

Contact Info _____

_____

_____

Guest Name _____

_____

_____

Contact Info _____

_____

_____

Inspiration For The Newlyweds _____

_____

_____

_____

_____

_____

_____

Inspiration For The Newlyweds _____

_____

_____

_____

_____

_____

Inspiration For The Newlyweds _____

_____

_____

_____

_____

Guest Name _____

Contact Info _____

Inspiration For The Newlyweds _____

Guest Name _____

Contact Info _____

Inspiration For The Newlyweds _____

Guest Name _____

Contact Info _____

Inspiration For The Newlyweds _____

Guest Name _____

_____

_____

Contact Info _____

_____

_____

Inspiration For The Newlyweds _____

_____

_____

_____

_____

_____

Guest Name _____

_____

_____

Contact Info _____

_____

_____

Inspiration For The Newlyweds _____

_____

_____

_____

_____

_____

Guest Name _____

_____

_____

Contact Info _____

_____

_____

Inspiration For The Newlyweds _____

_____

_____

_____

_____

_____

Guest Name _____   Inspiration For The Newlyweds_____
_____   _____
_____   _____
                                     _____
Contact Info _____   _____
_____   _____
_____   _____

Guest Name _____   Inspiration For The Newlyweds_____
_____   _____
_____   _____
                                     _____
Contact Info _____   _____
_____   _____
_____   _____

Guest Name _____   Inspiration For The Newlyweds_____
_____   _____
_____   _____
                                     _____
Contact Info _____   _____
_____   _____
_____   _____

Guest Name _____

_____

_____

Contact Info _____

_____

_____

Inspiration For The Newlyweds_____

_____

_____

_____

_____

_____

Guest Name _____

_____

_____

Contact Info _____

_____

_____

Inspiration For The Newlyweds_____

_____

_____

_____

_____

_____

Guest Name _____

_____

_____

Contact Info _____

_____

_____

Inspiration For The Newlyweds_____

_____

_____

_____

_____

Guest Name _____

_____

_____

Contact Info _____

_____

_____

Inspiration For The Newlyweds_____

_____

_____

_____

_____

_____

_____

Guest Name _____

_____

_____

Contact Info _____

_____

_____

Inspiration For The Newlyweds_____

_____

_____

_____

_____

_____

_____

Guest Name _____

_____

_____

Contact Info _____

_____

_____

Inspiration For The Newlyweds_____

_____

_____

_____

_____

_____

Guest Name _____

_____

_____

Contact Info _____

_____

_____

Inspiration For The Newlyweds _____

_____

_____

_____

_____

_____

Guest Name _____

_____

_____

Contact Info _____

_____

_____

Inspiration For The Newlyweds _____

_____

_____

_____

_____

_____

Guest Name _____

_____

_____

Contact Info _____

_____

_____

Inspiration For The Newlyweds _____

_____

_____

_____

_____

_____

Guest Name _____

_____

_____

Contact Info _____

_____

_____

Inspiration For The Newlyweds _____

_____

_____

_____

_____

_____

_____

Guest Name _____

_____

_____

Contact Info _____

_____

_____

Inspiration For The Newlyweds _____

_____

_____

_____

_____

_____

_____

Guest Name _____

_____

_____

Contact Info _____

_____

_____

Inspiration For The Newlyweds _____

_____

_____

_____

_____

_____

_____

Guest Name _____   *Inspiration For The Newlyweds* _____

_____   _____

_____   _____

                                      _____

Contact Info _____   _____

_____   _____

_____   _____

Guest Name _____   *Inspiration For The Newlyweds* _____

_____   _____

_____   _____

                                      _____

Contact Info _____   _____

_____   _____

_____   _____

Guest Name _____   *Inspiration For The Newlyweds* _____

_____   _____

_____   _____

Contact Info _____   _____

_____   _____

_____   _____

Guest Name _____

_____

_____

_____

Contact Info _____

_____

_____

Inspiration For The Newlyweds _____

_____

_____

_____

_____

_____

_____

Guest Name _____

_____

_____

_____

Contact Info _____

_____

_____

Inspiration For The Newlyweds _____

_____

_____

_____

_____

_____

_____

Guest Name _____

_____

_____

_____

Contact Info _____

_____

_____

Inspiration For The Newlyweds _____

_____

_____

_____

_____

_____

_____

Guest Name _____

_____

_____

Contact Info _____

_____

_____

Guest Name _____

_____

_____

Contact Info _____

_____

_____

Guest Name _____

_____

_____

Contact Info _____

_____

_____

Inspiration For The Newlyweds _____

_____

_____

_____

_____

_____

_____

Inspiration For The Newlyweds _____

_____

_____

_____

_____

_____

_____

Inspiration For The Newlyweds _____

_____

_____

_____

_____

Guest Name _____   Inspiration For The Newlyweds_____

_____   _____

_____   _____

_____   _____

Contact Info _____   _____

_____   _____

_____   _____

Guest Name _____   Inspiration For The Newlyweds_____

_____   _____

_____   _____

_____   _____

Contact Info _____   _____

_____   _____

_____   _____

Guest Name _____   Inspiration For The Newlyweds_____

_____   _____

_____   _____

Contact Info _____   _____

_____   _____

_____   _____

Guest Name _____

_____

_____

Contact Info _____

_____

_____

Guest Name _____

_____

_____

Contact Info _____

_____

_____

Guest Name _____

_____

_____

Contact Info _____

_____

_____

Inspiration For The Newlyweds _____

_____

_____

_____

_____

_____

_____

Inspiration For The Newlyweds _____

_____

_____

_____

_____

_____

_____

Inspiration For The Newlyweds _____

_____

_____

_____

_____

Guest Name _____

Contact Info _____

Inspiration For The Newlyweds _____

Guest Name _____

Contact Info _____

Inspiration For The Newlyweds _____

Guest Name _____

Contact Info _____

Inspiration For The Newlyweds _____

Guest Name _____

Contact Info _____

Inspiration For The Newlyweds _____

Guest Name _____

Contact Info _____

Inspiration For The Newlyweds _____

Guest Name _____

Contact Info _____

Inspiration For The Newlyweds _____

Guest Name _____

_____

_____

Contact Info _____

_____

_____

Guest Name _____

_____

_____

Contact Info _____

_____

_____

Guest Name _____

_____

_____

Contact Info _____

_____

_____

Inspiration For The Newlyweds _____

_____

_____

_____

_____

_____

Inspiration For The Newlyweds _____

_____

_____

_____

_____

_____

Inspiration For The Newlyweds _____

_____

_____

_____

_____

_____

Guest Name _____

_____

_____

Contact Info _____

_____

_____

Inspiration For The Newlyweds _____

_____

_____

_____

_____

_____

_____

_____

Guest Name _____

_____

_____

Contact Info _____

_____

_____

Inspiration For The Newlyweds _____

_____

_____

_____

_____

_____

_____

_____

Guest Name _____

_____

_____

Contact Info _____

_____

_____

Inspiration For The Newlyweds _____

_____

_____

_____

_____

_____

Guest Name _____

_____

_____

Contact Info _____

_____

_____

Guest Name _____

_____

_____

Contact Info _____

_____

_____

Guest Name _____

_____

_____

Contact Info _____

_____

_____

Inspiration For The Newlyweds _____

_____

_____

_____

_____

_____

_____

Inspiration For The Newlyweds _____

_____

_____

_____

_____

_____

_____

Inspiration For The Newlyweds _____

_____

_____

_____

_____

_____

_____

Guest Name _____

_____

_____

Contact Info _____

_____

_____

Guest Name _____

_____

_____

Contact Info _____

_____

_____

Guest Name _____

_____

_____

Contact Info _____

_____

_____

Inspiration For The Newlyweds _____

_____

_____

_____

_____

_____

_____

Inspiration For The Newlyweds _____

_____

_____

_____

_____

_____

_____

Inspiration For The Newlyweds _____

_____

_____

_____

_____

_____

_____

Guest Name _____

_____

_____

Contact Info _____

_____

_____

Inspiration For The Newlyweds _____

_____

_____

_____

_____

_____

_____

Guest Name _____

_____

_____

Contact Info _____

_____

_____

Inspiration For The Newlyweds _____

_____

_____

_____

_____

_____

_____

Guest Name _____

_____

_____

Contact Info _____

_____

_____

Inspiration For The Newlyweds _____

_____

_____

_____

_____

_____

_____

Guest Name _____

Contact Info _____

Inspiration For The Newlyweds _____

Guest Name _____

Contact Info _____

Inspiration For The Newlyweds _____

Guest Name _____

Contact Info _____

Inspiration For The Newlyweds _____

Guest Name _____

Contact Info _____

Inspiration For The Newlyweds_____

Guest Name _____

Contact Info _____

Inspiration For The Newlyweds_____

Guest Name _____

Contact Info _____

Inspiration For The Newlyweds_____

Guest Name _____

Contact Info _____

Inspiration For The Newlyweds _____

Guest Name _____

Contact Info _____

Inspiration For The Newlyweds _____

Guest Name _____

Contact Info _____

Inspiration For The Newlyweds _____

Guest Name _____

Contact Info _____

Inspiration For The Newlyweds_____

Guest Name _____

Contact Info _____

Inspiration For The Newlyweds_____

Guest Name _____

Contact Info _____

Inspiration For The Newlyweds_____

Guest Name _____

_____
_____

Contact Info _____

_____
_____

Guest Name _____

_____
_____

Contact Info _____

_____
_____

Guest Name _____

_____
_____

Contact Info _____

_____
_____

Inspiration For The Newlyweds_____

_____
_____
_____
_____

Inspiration For The Newlyweds_____

_____
_____
_____
_____

Inspiration For The Newlyweds_____

_____
_____
_____
_____

Guest Name _____

_____

_____

_____

Contact Info _____

_____

_____

Guest Name _____

_____

_____

_____

Contact Info _____

_____

_____

Guest Name _____

_____

_____

_____

Contact Info _____

_____

_____

Inspiration For The Newlyweds _____

_____

_____

_____

_____

_____

_____

Inspiration For The Newlyweds _____

_____

_____

_____

_____

_____

_____

Inspiration For The Newlyweds _____

_____

_____

_____

_____

_____

_____

Guest Name _____

_____

_____

Contact Info _____

_____

_____

Guest Name _____

_____

_____

Contact Info _____

_____

_____

Guest Name _____

_____

_____

Contact Info _____

_____

_____

Inspiration For The Newlyweds _____

_____

_____

_____

_____

_____

Inspiration For The Newlyweds _____

_____

_____

_____

_____

_____

Inspiration For The Newlyweds _____

_____

_____

_____

_____

Guest Name _____   Inspiration For The Newlyweds_____

_____   _____

_____   _____

Contact Info _____   _____

_____   _____

_____   _____

Guest Name _____   Inspiration For The Newlyweds_____

_____   _____

_____   _____

Contact Info _____   _____

_____   _____

_____   _____

Guest Name _____   Inspiration For The Newlyweds_____

_____   _____

_____   _____

Contact Info _____   _____

_____   _____

_____   _____

Guest Name _____

_____

_____

Contact Info _____

_____

_____

Guest Name _____

_____

_____

Contact Info _____

_____

_____

Guest Name _____

_____

_____

Contact Info _____

_____

_____

Inspiration For The Newlyweds _____

_____

_____

_____

_____

_____

Inspiration For The Newlyweds _____

_____

_____

_____

_____

_____

Inspiration For The Newlyweds _____

_____

_____

_____

_____

_____

Guest Name _____

_____

_____

Contact Info _____

_____

_____

Inspiration For The Newlyweds _____

_____

_____

_____

_____

_____

_____

Guest Name _____

_____

_____

Contact Info _____

_____

_____

Inspiration For The Newlyweds _____

_____

_____

_____

_____

_____

_____

Guest Name _____

_____

_____

Contact Info _____

_____

_____

Inspiration For The Newlyweds _____

_____

_____

_____

_____

_____

_____

Guest Name _____

_____

_____

Contact Info _____

_____

_____

Inspiration For The Newlyweds _____

_____

_____

_____

_____

_____

Guest Name _____

_____

_____

Contact Info _____

_____

_____

Inspiration For The Newlyweds _____

_____

_____

_____

_____

_____

Guest Name _____

_____

_____

Contact Info _____

_____

_____

Inspiration For The Newlyweds _____

_____

_____

_____

_____

Guest Name _____

_____

_____

Contact Info _____

_____

_____

Inspiration For The Newlyweds _____

_____

_____

_____

_____

_____

_____

Guest Name _____

_____

_____

Contact Info _____

_____

_____

Inspiration For The Newlyweds _____

_____

_____

_____

_____

_____

_____

Guest Name _____

_____

_____

Contact Info _____

_____

_____

Inspiration For The Newlyweds _____

_____

_____

_____

_____

_____

_____

Guest Name _____

_____

_____

Contact Info _____

_____

_____

Inspiration For The Newlyweds _____

_____

_____

_____

_____

_____

_____

Guest Name _____

_____

_____

Contact Info _____

_____

_____

Inspiration For The Newlyweds _____

_____

_____

_____

_____

_____

_____

Guest Name _____

_____

_____

Contact Info _____

_____

_____

Inspiration For The Newlyweds _____

_____

_____

_____

_____

_____

Guest Name _____

Contact Info _____

Inspiration For The Newlyweds _____

Guest Name _____

Contact Info _____

Inspiration For The Newlyweds _____

Guest Name _____

Contact Info _____

Inspiration For The Newlyweds _____

Guest Name _____

Contact Info _____

Inspiration For The Newlyweds _____

Guest Name _____

Contact Info _____

Inspiration For The Newlyweds _____

Guest Name _____

Contact Info _____

Inspiration For The Newlyweds _____

Guest Name _____

_____

_____

Contact Info _____

_____

_____

Guest Name _____

_____

_____

Contact Info _____

_____

_____

Guest Name _____

_____

_____

Contact Info _____

_____

_____

Inspiration For The Newlyweds _____

_____

_____

_____

_____

_____

_____

Inspiration For The Newlyweds _____

_____

_____

_____

_____

_____

_____

Inspiration For The Newlyweds _____

_____

_____

_____

_____

_____

Guest Name _____

Contact Info _____

Inspiration For The Newlyweds _____

Guest Name _____

Contact Info _____

Inspiration For The Newlyweds _____

Guest Name _____

Contact Info _____

Inspiration For The Newlyweds _____

Guest Name _____

_____

_____

Contact Info _____

_____

_____

Inspiration For The Newlyweds _____

_____

_____

_____

_____

_____

Guest Name _____

_____

_____

Contact Info _____

_____

_____

Inspiration For The Newlyweds _____

_____

_____

_____

_____

_____

Guest Name _____

_____

_____

Contact Info _____

_____

_____

Inspiration For The Newlyweds _____

_____

_____

_____

_____

_____

Guest Name _____

_____

_____

Contact Info _____

_____

_____

Inspiration For The Newlyweds _____

_____

_____

_____

_____

_____

Guest Name _____

_____

_____

Contact Info _____

_____

_____

Inspiration For The Newlyweds _____

_____

_____

_____

_____

_____

Guest Name _____

_____

_____

Contact Info _____

_____

_____

Inspiration For The Newlyweds _____

_____

_____

_____

_____

_____

Guest Name _____

_____

_____

Contact Info _____

_____

_____

Inspiration For The Newlyweds _____

_____

_____

_____

_____

_____

_____

Guest Name _____

_____

_____

Contact Info _____

_____

_____

Inspiration For The Newlyweds _____

_____

_____

_____

_____

_____

_____

Guest Name _____

_____

_____

Contact Info _____

_____

_____

Inspiration For The Newlyweds _____

_____

_____

_____

_____

_____

_____

Guest Name _____

Contact Info _____

Inspiration For The Newlyweds _____

Guest Name _____

Contact Info _____

Inspiration For The Newlyweds _____

Guest Name _____

Contact Info _____

Inspiration For The Newlyweds _____

Guest Name _____

_____

_____

Contact Info _____

_____

_____

Guest Name _____

_____

_____

Contact Info _____

_____

_____

Guest Name _____

_____

_____

Contact Info _____

_____

_____

Inspiration For The Newlyweds _____

_____

_____

_____

_____

_____

Inspiration For The Newlyweds _____

_____

_____

_____

_____

_____

Inspiration For The Newlyweds _____

_____

_____

_____

_____

_____

Guest Name _____

Contact Info _____

Inspiration For The Newlyweds _____

Guest Name _____

Contact Info _____

Inspiration For The Newlyweds _____

Guest Name _____

Contact Info _____

Inspiration For The Newlyweds _____

Guest Name _____

_____

_____

Contact Info _____

_____

_____

Inspiration For The Newlyweds _____

_____

_____

_____

_____

_____

Guest Name _____

_____

_____

Contact Info _____

_____

_____

Inspiration For The Newlyweds _____

_____

_____

_____

_____

_____

Guest Name _____

_____

_____

Contact Info _____

_____

_____

Inspiration For The Newlyweds _____

_____

_____

_____

_____

_____

Guest Name _____

_____

_____

Contact Info _____

_____

_____

Guest Name _____

_____

_____

Contact Info _____

_____

_____

Guest Name _____

_____

_____

Contact Info _____

_____

_____

Inspiration For The Newlyweds _____

_____

_____

_____

_____

_____

Inspiration For The Newlyweds _____

_____

_____

_____

_____

_____

Inspiration For The Newlyweds _____

_____

_____

_____

_____

_____

Guest Name _____

_____

_____

_____

Contact Info _____

_____

_____

Inspiration For The Newlyweds _____

_____

_____

_____

_____

_____

_____

Guest Name _____

_____

_____

_____

Contact Info _____

_____

_____

Inspiration For The Newlyweds _____

_____

_____

_____

_____

_____

_____

Guest Name _____

_____

_____

Contact Info _____

_____

_____

Inspiration For The Newlyweds _____

_____

_____

_____

_____

_____

Guest Name _____

Contact Info _____

Inspiration For The Newlyweds_____

Guest Name _____

Contact Info _____

Inspiration For The Newlyweds_____

Guest Name _____

Contact Info _____

Inspiration For The Newlyweds_____

Guest Name _____   Inspiration For The Newlyweds _____

_____   _____

_____   _____

Contact Info _____   _____

_____   _____

_____   _____

Guest Name _____   Inspiration For The Newlyweds _____

_____   _____

_____   _____

Contact Info _____   _____

_____   _____

_____   _____

Guest Name _____   Inspiration For The Newlyweds _____

_____   _____

_____   _____

Contact Info _____   _____

_____   _____

_____   _____

Guest Name _____

Contact Info _____

Inspiration For The Newlyweds _____

Guest Name _____

Contact Info _____

Inspiration For The Newlyweds _____

Guest Name _____

Contact Info _____

Inspiration For The Newlyweds _____

HONEYSUCKLE
SWEET
CREATIONS

CPSIA information can be obtained
at www.ICGtesting.com
Printed in the USA
LVHW060155010622
720209LV00005B/51

9 781953 987372